la force de vivre

Tosca Noury

la force de vivre

© 2021, Tosca Noury
Éditeur : BoD-Books on Demand
12-14 rond-point des Champs-Élysées, 75008 Paris
Impression : Books on Demand, Norderstedt, Allemagne

Illustration : Flore Perrault ©
@jecrisparfois │ @madebyflore
www.madebyflorewithlove.com

ISBN : 978-2-9579337-0-9
Dépôt légal : Octobre 2021

Tosca Noury est âgée de 17 ans lorsque paraît son recueil de poésie *La force de vivre*. Passionnée depuis toujours par les livres, l'art et la danse, elle débute l'écriture de son premier roman, une fiction historique sur la Résistance française, à 14 ans. Elle découvre la poésie contemporaine sur Instagram durant ses années de lycée grâce à des auteurs qu'elle admire aujourd'hui encore. Portée par ses émotions et son vécu qui l'inspirent pour écrire ses textes, Tosca prend après quelques mois d'écriture la décision d'auto-éditer son tout premier recueil de poésie libre et contemporaine paru en octobre 2021.

Heal — Tom Odell

My Old Pain — Asaf Avidan

Half A Man — Dean Lewis

Heartbeats — Aron Wright

Waves — Dean Lewis

Million Eyes — Loïc Nottet

On Fire — Loïc Nottet

I Found — Amber Run

Don't You Remember — Adele

Demons — Imagine Dragons

Save Myself — Ed Sheeran

Midnight City — M83

13 — Ciarán Lavery

I'm a Mess — Ed Sheeran

Sword from the Stone — Passenger

Unstoppable — Sia

Heart's on Fire — Passenger

No Time To Die — Billie Eilish

No One — Alicia Keys

Reviens mon amour — Marc Lavoine

Cover Me in Sunshine — P!nk & Willow Sage Hart

Alive — Sia

Superheroes — The Script

D'une manière ou d'une autre, tous ces morceaux ont eu de l'importance dans ma vie. Je vous conseille de les écouter dans cet ordre, il suit les différentes parties du recueil.

Pour être au courant de mes nouvelles parutions, obtenir un exemplaire dédicacé ou écouter cette playlist, flashez le QR code ci-dessous.

« La danse possède un pouvoir
de délivrance physique.
On y trouve la force de vivre,
d'expulser ses démons,
de croire à son destin. »

Roger LANNES

Pour l'enfant que j'étais,
qui a disparu.
Et pour tous les autres.

doux-leurre

celui qui

escapades

rayures

enfance madeleine

le meilleur est à venir

_doux - leurre

la force de vivre

je suis le capitaine
d'un bateau qui prend l'eau
et je suis lassée d'écoper

je ne sais pas pleurer en silence
je pleure - tempête
mais personne n'est là pour l'entendre

la force de vivre

je trouve l'inspiration
dans le noir
lorsque le monde dort
mon cœur ralentit
et laisse apparaître une porte d'entrée
pour pouvoir coucher sur papier
ce qui tourbillonne à travers moi

Je me noie
Tout s'écoule
Tout s'écroule
Je me noie
Et je coule
Au plus profond
De mon monde

la force de vivre

avoir le souffle coupé
et ne plus respirer que
par mes doigts qui
pianotent ces maux
azerty

je n'ai plus pied
dans mon océan de c
h
a
g
r
i
n

l'eau ne me noie pas
elle m' habite
para que je pleure
mais à l'intérieur

mes silences
font plus de bruit que tout le reste
ce sont
des appels à l'aide sans fin
des cris perçants
qui se répercutent
jusqu'à ce que je m'endorme
contre les parois de mon corps
comme l'écho
mais sans faiblir
il y aurait juste
à tendre l'œil
pour voir
mes hurlements
de souffrance
à travers les vitres
brisées
de mes yeux

tout devient noir
pas moyen
de s'échapper
ni de rallumer
la lumière
ou les étoiles
encore moins
de décrocher
la lune
seulement de
laisser entrer
l'obscurité
et en faire juste assez
pour respirer

parfois
mon corps est une bouteille
abandonnée
et les rouleaux salés
s'écrasent contre mes parois de verre
si fort qu'elles se fissurent
alors
je fuis
au goutte à goutte
par les yeux

la force de vivre

ma peine est
une marée noire
qui me déborde
m'asphyxie
et me laisse
l'aile battante
l'âme mazoutée

la douleur est telle
parfois
que m'arracher le cœur
serait moins douloureux
que le sentir
battre
dans
une cage
d'épines

la force de vivre

les lettres s'enchaînent
une suite ininterrompue de symboles
pour écrire le cataclysme à l'intérieur
mais l'ouragan est là
la taule de mes muscles s'arrache
les branches de mes os s'envolent
les routes vers mon cœur sont sinistrées
la vague de pensées noires inonde
tout ce qui reste

j' aimerais nager
dans l'eau salée
à en perdre haleine
à en perdre la tête
à en perdre mes mots
pour en perdre les maux

la force de vivre

Emmène-moi à l'hôpital du cœur
Celui qui soigne les blessures de toujours
Celui qui guérit l'âme, et ses tourments
Celui qui existe dans les songes d'enfants

Dis-leur de me perfuser à l'espoir
De me choquer aux électro-rires
De me faire oublier la douleur à la morphine
De suturer la plaie de mes hantises

Je t'en supplie, emmène-moi à l'hôpital du cœur
Même s'il a fermé ses portes depuis longtemps
Même si dans ses couloirs ne courent que des
fantômes errants
Laisse-moi sur son parvis,
Je disparaîtrai dans le vent.

— l'hôpital du cœur

Tosca Noury

donne-moi un verre d'eau
plutôt que des mouchoirs
car je veux continuer à pleurer
mais mes réserves sont parties en larmes

mon cœur bat
il explose
il implose
de sa prose

le jour se lève
c'est beau
c'est calme
les oiseaux chantent
ils ne peuvent pas savoir
ce qu'il se trame

la force de vivre

si j'avais su
en souriant devant ces grilles
que cet endroit allait
me déraciner
me broyer
me briser
et me laisser plus bas que terre
j'aurais hurlé
à m'en déchirer les cordes vocales
ça m'aurait donné
au moins une raison
de rester
muette

Qu'est-ce qui fait le plus mal ?

C'était leur regard. Leurs centaines de pupilles qui me dépouillaient de moi-même.

la force de vivre

À cette époque-là
je n'étais pas seulement
différente
bizarre
détestée
et humiliée
j'étais surtout
celle de trop

Tosca Noury

J'ai eu envie de disparaître

Quand ont-ils su qu'ils avaient réussi à me briser pour de bon ?

La première fois que tu t'es excusée d'être

Et toutes les fois qui ont suivi.

Et tout tombe
Tout inonde
Je suffoque
Je succombe
Je m'écroule
Je m'écoule
Je m'écroue
Je m'enterre
Et me terre
Je me tais
Tout se fait
Sans un bruit
Et je tombe

la force de vivre

Vouloir que tout s'arrête.

Tout.

J'ai eu des bleus à l'âme

aussi .

la force de vivre

Je ne sais pas comment le dire. Je n'ai pas les mots. Il n'y a rien d'assez fort, d'assez dur pour décrire *ça*. Je ne sais pas comment l'écrire sans me faire souffrir et faire souffrir les autres. Comment se passer de mots lourds de sens quand *ça* pesait plus lourd que la vie dans mon esprit ?

Comment leur avouer que je ne trouvais plus la force de vivre et d'espérer ? Et puis, comment parler de *ça* et dire « je ne suis pas sûre » ou « je ne me souviens pas » ?

Comment admettre que j'ai furtivement croisé le regard de la fin, un soir, et que le lendemain je riais à nouveau ?

Comment sourire aujourd'hui, quand on me parle de mes défauts, sans paraître mentir ? Comment parler des bleuets, des coupes et des incultes sans retourner le couteau dans la plaine ? J'essaie de l'écrire, mais pas avec de vrais mots.

Je ne sais pas comment.

Je ne saurais pas pourquoi.

s'interposer
leur aurait demandé
une minute
guérir
me demandera certainement
une vie

— à tous ceux qui disent
n'avoir rien vu

la force de vivre

la douleur ne disparaît pas avec le temps,
on apprend juste à faire
comme si

je suis un arbre
tout ce qui ne s'accroche pas à
mes feuilles, mes branches, tout ce qui
glisse le long de mon écorce finira à mes
pieds et deviendra de l'humus, puis du
terreau qui m'aidera à grandir
qui nourrira
la cime.
tes
mots
sont
de
la
pluie
l'ennemi.

la force de vivre

sois forte, tu vas t'en sortir
c'est promis
tout ira mieux, demain,
le soleil reviendra.

Tosca Noury

Comment leur dire
Comment leur avouer
Que d'autres avant eux
De leur âge, du mien
Qui leur ressemblaient
M'ont brisée
Fracassée
Et qu'eux
Ils doivent me reconstruire ?

— *amis*

la force de vivre

Il faut souffrir pour être belle

Souffrir m'a rendue laide

Réponds-moi !
Dis-moi pourquoi
À chaque fois que je hurle
À m'en briser la voix
À chaque fois que j'appelle à l'aide
Le monde devient sourd
Aveugle
Insensible
Et muet.

celui qui

la force de vivre

j'avais besoin d'être sauvée
tu es arrivé
et tu m'as sorti la tête hors de l'eau
avant de mettre toute ton énergie
à la faire disparaître
à nouveau
dans les flots

il m'arrive de me demander
si je t'ai vraiment aimé
était-ce ça, l'amour ?
n'était-ce pas plutôt la peur ?
la peur de te voir partir
de perdre ce qu'on avait
fut un temps
cette alchimie
j'ai dû me dire
si je l'aime
il restera

la force de vivre

je ne suis pas sûre
était un
non
qui n'a pas franchi la barrière de
mes lèvres
mais tu étais trop
décidé
pour t'en soucier

ma conscience disait
« peut-être »
« tu lui dois bien ça »
« ça lui fera plaisir »
j'ai répondu
« non »
mais un peu tard

j'avais le cœur au bord des lèvres
mais pas de la bonne manière
car
je ne murmurais pas des mots d'amour
mais des mots de peur

La faim ne justifie pas

les moyens.

la force de vivre

j'ai beau me répéter que ça n'était que
tes lèvres
tes mains
tes mots
et ton âme
au final
il ne me reste de toi
que cette impression
d'avoir trahi
tout ce que j'étais
le temps d'une soirée
pour te mériter

J'aurais voulu écrire que l'on s'aimait. Ou que l'on s'est aimés au moins. J'aurais voulu leur parler d'amour. Ç'aurait été beau d'écrire sur un *nous deux*. Mais il y avait toi et moi. Toi qui étouffais moi et moi qui laissais faire toi. Mais je ne sais pas faire semblant longtemps. Je ne sais pas *vivre bien* quand tout va *mal*. Tu m'as blâmée d'être partie, d'être la méchante de l'histoire. Je ne suis pas partie. Je me suis libérée. Ce n'est pas ma faute si tu ne sais pas nager dans ton océan de rancœur.

Je sais qu'*elle* n'a été que *la fille d'après*.
Et je la plains pour ça.

Je nous avais imaginé un avenir, tu sais ?

8 oct 2013 à 19:52

Une de perdue, dix de retrouvées

23 mai 2021 à 23:47

Va te faire foudre

Moi, personne ne m'a retrouvée

je n'ai pas écrit sur lui
parce qu'il a plus compté
j'ai écrit sur lui
parce que c'est facile
il est facile
à avoir
à garder
à oublier

— oubliable oublié

escapades

je veux
rêver de l'infini
parler les cultures
sourire le soleil
respirer la liberté
chanter les kilomètres
et surtout apprendre à
danser sous la pluie

Tosca Noury

Quand tout bascule et tout bouscule
Quand le noir se confond dans l'espoir
Quand la lumière s'éteint
Quand l'outre-tombe s'éveille

Penser plus haut vouloir plus loin
Oublier. Mémento ! Sacraliser demain.
S'arracher hier, envoler des prières.
Crier plus doux, trembler plus fort.

Frissonner vers le large, respirer les ombres
Murmurer sa rage, traverser les catacombes
Prier pour le répit, sourire le mépris
Tourmenter les nuages, effacer les images.

Trouver la rédemption, refuser le pardon
Couler avec ses peines, sombrer avec ses pensées.
Imaginer l'obscurité, supplier la clarté,

Embrasser l'exil, dénigrer l'asile,
Dessiner la mort, cueillir la vie.
Entrevoir l'espoir
D'un vagabond sans souci.

— le vagabond

la force de vivre

s'épuiser sur le plancher
le laisser nous accueillir
les pieds en sang
l'âme en lambeaux

— *danser*

Tosca Noury

Le jour s'étiole
Et gagne l'autre côté
La lune se lève
Pour nous laisser rêver
Et dans l'obscurité
Les étoiles s'affrontent
Dans un bain d'étincelles
Dans une bouffée d'espérance
Et le combat silencieux s'éteint
Au petit matin.

la force de vivre

sentir le vent de la mer
dans mes cheveux
et
l'odeur de terre
et de feu
me rappelle
à quel point
je suis vivante

— falaises de moher,
irlande

Tosca Noury

Lorsqu'un homme parle de lui au passé
Ce n'est pas qu'il a quitté la vie
mais c'est que la mort
l'habite déjà

— *irish republican army*

la force de vivre

vos silhouettes se détachent au loin
dans le ciel clair de la fin du jour
comme autant d'ombres calmes
jetées là, un soir de printemps
par-dessus la savane endormie
par-delà l'okavango

— *éléphants*

Les vestiges des jours passés
     enfouis
       cachés
Ensevelis sous les kilomètres de lave
         durcie
         séchée
Œuvres d'art aux côtés de leurs défunts
          noircis
          oubliés

— pompei

la force de vivre

la musique dans mes oreilles
mes pieds qui foulent le pavé
de ces rues
que mes yeux ont vues
tant de fois
sans que mon coeur
ne les connaisse

Tosca Noury

Féerie de l'oisiveté
d'une nuit d'été
Citronnelle, menthe à l'eau
et cigarette
Moustiques, rires enivrés et vent de la mer
Portofino au loin, la lumière du port
Odeur d'eucalyptus, la tête en arrière,
Blues en fin d'bouteille et fond sonore

— *cap bénat*

étincelles dans le ciel
écho dans mon cœur
la terre qui tremble
sourires illuminés
par intermittence
artifices dans la nuit
feu dans mon âme d'enfant

Tosca Noury

et je marche
dans ce champ de fleurs couleur liberté
qui frôlent mes chevilles
et mon cœur en même temps
elles semblent presque me parler
comme si elles murmuraient à mon oreille
que je suis comme elles
si l'on me cueille
si l'on me déracine
si l'on m'empêche de grandir
comme je l'entends
et où je veux
alors je me fane
et je meurs
je crois que oui
je suis leur semblable
un coquelicot couleur liberté
qui a grandi dans un champ de blé

— poppy

Mayures

C'est qui cette fille, là ?

Une fille que tu regardes passer mais dont tu n'iras jamais détricoter les espoirs effilochés. Mais ne t'en fais pas, elle le sait. Elle te pardonne.

personne n'a jamais demandé
pourquoi je partais
personne n'a jamais tendu la main
pour me retenir

la force de vivre

Je suis lassée de lutter
contre moi-même
pour les autres.

Elle a écrit
météorite
C'est ça.
Une roche en fusion
Qui se consume
Dans sa course
Sans fin.

Surdouée.

~~Ce mot~~ ne devrait faire ni peur, ni envie.
 je

la force de vivre

le papier
sous mes doigts
n'obéit qu'à moi
et joue une symphonie silencieuse
dont je suis la seule et unique
cheffe

J'aurais pu être mots
Vous auriez pu me lire
Mais je n'ai pas de maux
Que vous sachiez dire

À la recherche de milliers d'encres qui me retiendraient
aux berges de ce monde qui n'est pas le mien.

Je danse un tango endiablé
Avec ma solitude
Et c'est elle qui donne le rythme

douleur invisible
aigreur inavouable
solitude indicible
chagrin impensable

J'aimerais que tu comprennes que tu ne peux pas faire comme si ça n'existait pas, car tu me pousses tout entière à l'inexistence.

J'étais **trop** pour ce qu'ils attendaient de moi.

lutte permanente
entre ce qu'il est plus simple
d'être
et ce que la nature a fait
de moi

la force de vivre

je suis **trop**
et pourtant je ne suis
assez
pour personne

— *hypersensible*

mon système nerveux
n'est pas restreint aux limites
de ma peau
je suis branchée continuellement au monde
comme en intraveineuse
je ressens
tout l'amour
la peur
la haine
la douleur
et la joie
de tous ceux qui passent.

C'est dur de voir le monde en
couleurs
quand ils le voient en
noir et blanc

cette flamme qui brûle
tout au fond de moi
j'aimerais tant
que tu t'y brûles les doigts
juste un instant
que tu effleures mon essence
que tu comprennes pourquoi
c'est si compliqué
d'éteindre
cet incendie permanent
d'émotion

la force de vivre

je suis une carafe
qui menace de déborder
à chaque secousse

je suis un yoyo
je m'enflamme
et je m'éteins
des centaines de fois par jour
entre le zénith et la nuit noire
mon cœur a fait plus de bonds
dans ma poitrine
que le jouet en bois
dans les mains d'un enfant

Je me sens tout *émotions* ce soir.

J'ai le cœur encrier.

la force de vivre

Laissez-moi sombrer dans cette solitude
Qui me noie à petit feu
Qui me consume à demi-mot
Laissez-moi l'embrasser et l'embraser
Laissez-moi boire la lune au goulot

Laissez-moi vivre, laissez-moi pleurer
Laissez-moi rire, laissez-moi hurler
Enfermez-moi si vous le voulez
Mon esprit meurt déjà dans cette cage à-demie rouillée

Laissez-moi sentir, laissez-moi vibrer
Laissez-moi partir, laissez-moi rester
La pensée d'or, elle sommeille au matin
La vague se tait, elle sait que c'est vain

Laissez-moi parler, laissez-moi écrire
Laissez-moi danser, laissez-moi désobéir
Laissez mon cœur chanter, laissez ma voix faiblir
Elle vous hurle de crier, pour ne pas la laisser mourir

Laissez-moi lire, laissez-moi penser
Laissez-moi ne mot dire,
Quand c'est plus facile d'y succomber

Tosca Noury

Laissez-moi prendre une place,
Laissez-moi prendre racine
Laissez-moi m'écrouler,
Laissez-moi toucher la cime

Laissez-moi me lever, laissez-moi brandir
Le nom de justice, les maux d'humanité
Laissez-moi être valeureuse
Et parfois malheureuse

Laissez-moi être, laissez-moi paraître
Laissez-moi émouvoir, laissez-moi n'en plus pouvoir
Laissez-moi faire, laissez-moi défaire
Laissez-moi refaire, laissez-moi parfaire

Laissez-moi marcher, laissez-moi courir
Laissez-moi ramper, laissez-moi gravir
Laissez-moi couler, laissez-moi fuir
Laissez-moi espérer, empêchez-moi de regretter

Laissez-moi prendre la mer,
Laissez-moi prendre le large
Appelez-moi depuis les berges,
Du grand lac des idées noires

la force de vivre

Laissez-moi prendre le soleil,
Laissez-moi prendre l'eau
Laissez-moi être celle qui s'émerveille
Au moindre geste, au moindre mot

Laissez-moi aimer, laissez-moi haïr
Laissez-moi mentir, vous dire que tout va bien
Alors qu'à l'intérieur tout se déchire
Pour un tout et pour un rien

Sentez sous vos doigts comme la fleur se fane
À l'aube d'un jour nouveau
Qui n'aura pas de crépuscule
Elle vous dit adieu, et clôt cet opuscule.

— liberté

lorsque l'on demande à un enfant
quel est son plus grand rêve
il répond que c'est de devenir
astronaute
pompier
danseuse étoile
archéologue
vétérinaire
humoriste
ou médecin
moi
mon plus grand rêve
le plus secret
avec tous ceux-là
c'était simplement de devenir
normale

enfance madeleine

j'essaie
de recoller tous les morceaux
de ce vase brisé en fragments
de me souvenir
de l'odeur des gâteaux de ma mère
et du parfum de mon père
et celui
plus abstrait
. du bonheur
. de la quiétude
et de l'insouciance

je rêve d'un peu de miel
pour apaiser ma gorge
abîmée par les conflits

la force de vivre

ce n'est pas d'amour que tu as manqué
c'est de cœurs qui battent à l'unisson
de mots doux sur des lèvres dans le noir
de sourires un matin d'automne
et d'union un soir d'amertume

Il y a eu plus que leur grand « **nous** » qui se soit brisé cette nuit-là. Il y a eu la petite « **eux** ».

la force de vivre

si je le pouvais
mon petit cœur
mon amour
je t'emmènerais loin de tout ça
des cris que tu entends depuis la baignoire
des regards que tu interceptes depuis le canapé
de l'amour que tu vois s'éteindre
de la haine qui grandit entre eux
si je le pouvais je deviendrais
la sœur
le frère
le roc
ou l'ami
que tu n'as jamais eu
mais tu as disparu
depuis si longtemps
reviens-moi

Revenir dans cette maison
est un crève-cœur.
Ses orangers
son saule pleureur
et cette rampe d'escalier
qui s'éveille sous mes doigts
d'enfant égarée.

— *cannes, les colibris*

Je suis tout ce qu'il reste de mes parents amoureux.

je pense à vous en me disant que
si j'avais la chance de vous rencontrer
ou juste de vous croiser
je sais que je vous aimerais dans l'instant
car vous devez me ressembler
et surtout car je ne serais plus
l'unique vestige
de mes parents

Le sac sur mon épaule. Un baiser. Une barbe piquante. Les annonces de la SNCF. Le bip. Le billet passe. Un portillon, quelques pas et puis, un escalator. Les marches bordées de jaune. Un regard en arrière. Le dernier. Un sourire sous le masque. L'air parisien glacial sur le quai. Et puis des larmes jusqu'au terminus.

tu n'es pas parti parce que
tu ne m'aimais plus
ou que tu les aimais plus
tu es parti
parce que tu savais que
peu importe la distance
tu m'aimerais encore

la force de vivre

être là
dans tes bras
c'est revenir
au tout début
quand je n'avais
pas encore
vécu

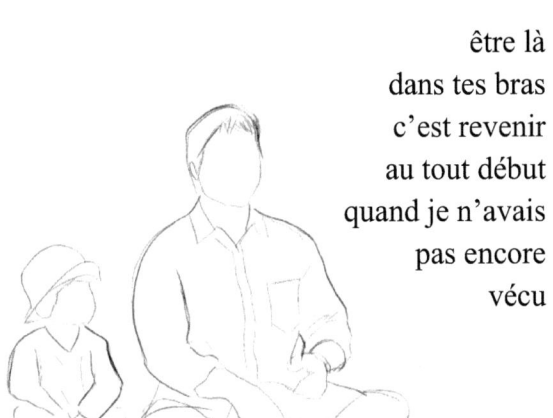

Aujourd'hui, j'aimerais juste
que tu me prennes dans tes bras.
Aujourd'hui, au moins.

la force de vivre

tu le sais
tu es la seule
à me voir vraiment
à me voir telle que je suis
à connaître toutes les failles
même quand je ne veux pas être démasquée
tu es
toujours
là
je t'aime

— *maman*

à chaque au revoir
je pense que
c'est peut - être
un adieu
alors je marque
au fer blanc
dans mon esprit
les derniers mots
que tu m'as dits

la force de vivre

sous les astres et les néons
dans les affres et le néant
j'avance
je vis
j'ai peur
peur de cette obscurité qui cueillera un jour
mon souffle passager
peut-être dans mille ans
peur qu'elle n'emporte avec elle les cœurs aimés
peur qu'une nuit
l'étole s'affaisse sur le plancher
et que l'on me dise que tu es partie

peur de sa venue singulière
un matin de printemps

Tosca Noury

il était trop tard
trop tôt
j'étais trop jeune
et trop fragile
dans cette chambre d'hôpital sinistre
avec vue sur Marseille
je me souviens de cette nuit-là
après m'être endormie
à cause de la morphine
tant j'avais eu mal
je me souviens de cette souffrance
lorsque j'ai réalisé que vous étiez partis
et qu'une fois de plus
j'étais seule
alors que pour moi
ça n'avait été
qu'un battement de cils

Quand ai-je appris tout ça ?

Quand suis-je devenue celle qui se tait ? Celle qui se terre ?

À quel moment l'enfant s'est-elle brisée ? A-t-elle abandonné ?

Quand a-t-elle disparu ?

Crie-lui de revenir je t'en supplie

Laisse-moi la revoir une dernière fois. Laisse-moi lui dire qu'elle trouvera la force de vivre.

Toujours

je suis tétanisée
de voir venir
des nuits sans sommeil
et sans personne

et puis quelques fois
quand vient le soir
seule
perdue dans des draps froids
dans un lit trop grand
je me dis
je vais pas y arriver
le jour venu
quand je serai vraiment seule
quand il faudra être grande
et forte
et indépendante
je vais m'écrouler
larme après larme
je vais fondre
dans ma propre peine
sans rien ni personne à qui me raccrocher

Je ne crains pas la vie, ou les épreuves.
J'en ai déjà traversées tant.
Je crains seulement cette solitude, que je vois revenir
plus forte que jamais, inébranlable.
Et que je ne saurais défaire.

L'enfance ne me manque pas.
Comment le pourrait-elle ?
Elle n'a jamais vraiment existé.

C'est dur de mettre mon *enfance* en cartons.

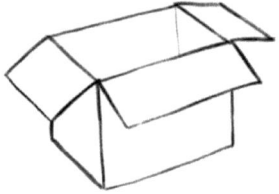

la force de vivre

ce sentiment
qui me bouffe
qui me ronge les entrailles
de laisser une partie de ma vie
derrière moi
qui va continuer à se jouer
sans moi

ce dimanche est pluvieux
comme si le temps savait ce que c'est de
vider les meubles
plier le linge
ranger les doudous
détacher les photos
et pleurer sur son enfance

derrière moi
mon lit fait
ma chambre rangée
et mon parquet
constellé de mouchoirs

J'ai l'impression
De mourir de l'intérieur
De tuer ce qu'il me restait
De ce que j'ai toujours connu

le meilleur est
à venir

la force de vivre

Debout
Face à la mer
Un livre à la main
Bercée par le ressac
Et le vent frais
Je me demande
Si un jour
Ça ira mieux
Et même tout simplement
Je me demande si un jour
Ça ira.

— *P. B.*

Ce n'est pas si facile de voir le soleil quand la pluie
roule de mes yeux à mon sternum.

la force de vivre

le soleil caresse ma peau
mes yeux
mes lèvres
et certaines fois
ses rayons sont même assez puissants
pour caresser
mon en-dedans
et le réchauffer

je sens le soleil tanner ma peau
si pâle
de n'être plus sortie
de n'avoir connu que la pluie
peut-être
que je ne m'étais pas éteinte finalement
seulement
peut-être que le vent soufflait
un peu trop fort
sur mon cœur allumette

la force de vivre

dis-moi
suis-je trop laide
ou pas assez bien
trop étrange
ou trop sensible
pour ne mériter personne ?

                                        là
                        dans cette baignoire
                              recroquevillée
                          je pleure de l'eau
                                plus chaude
                                  que celle
                                    glacée
                    dans laquelle je me noie

est-ce illusoire
d'espérer un jour
être regardée
comme mon père
regarde ma mère
sur cette photo ?

À quand ça sera mon tour d'avoir quelqu'un à enlacer et pour qui je compte plus que tout le reste ?

J'ai tant de fois été ce quelqu'un

Et pour tant de gens.

je ne connais pas ton nom
je ne sais pas où, ni comment
je ne sais pas pourquoi, ni quand
je ne sais pas où on ira
de quoi on rira
de quoi on souffrira
je ne sais pas où tu voudras aller
ni d'où tu viens
je ne sais pas ce qui te fera vibrer
ni pleurer
je sais juste une chose, ou deux
je t'aimerai tout entière
de toutes mes tripes
de tout mon cœur

la force de vivre

j'espère te croiser
au détour d'une rue
d'un chemin
dans le recoin d'une bibliothèque
assis sur un banc
ou derrière un bureau
un sourire aux lèvres
la rage au corps
ou les larmes aux yeux

Je voudrais
Vivre un peu
Connaître le monde
Et les Hommes
Avant de connaître celui
Qui me fera oublier
Tout cela

Je rêve de sa main dans la mienne
et de nos sourires face au monde

elle tenait le soleil entre ses mains
sans savoir que la sphère l'illuminait
elle aussi

la force de vivre

quand j'étais petite
je disais
c'est pas facile
pour tout ce que je n'arrivais pas à faire
après un claquement de doigts
aujourd'hui je dis
ce n'est pas si facile
quand même après des milliers
de claquements de doigts
et des millions d'espoirs
j'échoue encore

c'est terrible
de voir son premier échec
de le regarder en face
de le laisser nous mettre à terre
de tirer un trait sur ses rêves
et de prétendre
avec un sourire
que *tout va bien*
que *ça ira*

je ne suis pas si fragile
et pourtant
quelques fois
il me manque tant de force
pour affronter
le monde
la vie
et moi-même

Au petit matin
ma poubelle est remplie de mouchoirs
et de rêves éteints par l'injustice du monde

Je me suis relevée, comme toujours.

27 mai 2021 à 18:20

Je me suis déjà demandé si une bonne étoile veillait sur moi.

Tu crois que tout là-haut, quelque part, une petite étoile brille pour moi ?

Tu crois que mes échecs sont en fait sa manière de me remettre sur le droit chemin ?

Tu penses que je dois me laisser faire ?

Tu as le choix ?

Lancer des lanternes en papier dans la nuit noire et attendre qu'elles me montrent le chemin vers mes lendemains.

j'avais à peine eu le temps
de tomber
de laisser mon genou effleurer le sol
et quelques larmes couler
le long de mes joues
que déjà
je me relevais
encore plus forte
plus déterminée
et grandie

la force de vivre

Il y a la voie royale
celle de tous les permis
et les petits sentiers
ceux de tous les possibles
où l'on croise souvent les plus beaux paysages
et les vrais marcheurs de la vie

Tosca Noury

Si vous saviez
Comme vous m'avez aidée à remonter la pente
À gravir des sommets
À surmonter mes montagnes
À lever les yeux vers les étoiles
Vous vous seriez éternellement reconnaissante

— A. B.-D.

je te vois
de l'autre côté de la rive
tu patientes
comme pour me montrer
que tu seras là
à mes côtés
à m'aimer en retour
même les jours de pluie

Je ne pensais pas pouvoir le dire un jour, mais je crois que la vie n'attend que moi.

FIN

début

(je le sens
il y aura
d'autres levers de soleil
et d'autres larmes
pour de nouveaux chapitres
à écrire).

remerciements

Je ne te remercierai jamais assez, Camille, d'avoir été et de rester ma plus fidèle lectrice. Tu es une formidable conseillère et amie. Ton soutien indéfectible me porte énormément et sans toi, *La force de vivre* n'aurait sans aucun doute jamais vu le jour. Merci pour tes mots, tes messages, tes commentaires, tes relectures attentives et ta bienveillance. Merci pour tout ce que tu as fait pour moi. Merci, merci, et merci encore.

Merci Pauline, d'être la merveilleuse personne que tu es, et de m'avoir soutenue et conseillée dans cette aventure. Tu as été ce guide, et, je crois pouvoir le dire, cette amie dont j'avais tant besoin, pour ce recueil et dans la vie. Sans le savoir, tu m'as montré le chemin vers les mots et vers la guérison, à travers ton parcours et tes livres que j'aime tant. Merci d'être là, toujours.

Merci Flore, ma formidable illustratrice, pour cette si belle couverture ta gentillesse. Merci pour ton soutien, tes mots et ta patience qui me redonnent le sourire. Merci pour tes encouragements et ta bienveillance qui m'ont tant de fois fait chaud au cœur.

Merci des milliards de fois à ma famille pour leur soutien et leurs encouragements. Maman, Papa, vous m'avez toujours poussée à voir plus haut et à oser. Je vous aime. Mamie, Mutti, vous m'insufflez chaque jour cette force de vivre dont je parle, merci pour tout. Merci également à mes Papis, Paddy, Chloé, Tess, Clément, Romain, Pierre-Alain pour m'avoir donné l'envie et la force d'y croire.

Merci à mes amis Mathilde, Lulu, Malo, Élisa, Teri, Daphné, Nell, Chloé, Salomé F., Solène D. et Solène M.

Vous avez, chacun à votre façon, contribué à rendre ce rêve possible et réalisable.

Merci à mes professeurs qui ont cru en ce projet d'une manière ou d'une autre, Isabelle, Adeline, Laëtitia et Jean-Marc. Vos encouragements comptent énormément. J'ai tellement appris à vos côtés, sur la vie, les choses, les gens et moi-même, sur tout. Je ne l'oublierai pas.

Merci Mostafa, Héloïse, Nina, Emma, Fanny, Arthur, Rebecca, Lucas, Tangonne, Angela, Mélissa, Lauranne, Marine M., Melinda, Hélène, Liliana et Marine C. pour votre générosité qui m'aura permis de lancer l'autoédition de mon recueil. Sans vous, rien de tout cela n'aurait été rendu possible. Merci Brigitte et Audrey pour vos encouragements et votre soutien. Vous m'avez vue grandir en dansant, danser pour grandir et aujourd'hui écrire pour en parler. Merci d'avoir été là toutes ces années.

Merci également à toutes les personnes qui me suivent sur Instagram et qui prennent le temps de m'encourager. Vos messages me donnent une force immense et sont en grande partie à l'origine de ce livre. Je ne me croyais pas capable d'écrire de la poésie, vous m'avez montré que c'était possible et m'avez donné des centaines de fois l'envie d'y croire.

Et enfin, merci à toi, cher lecteur. Ce livre n'est pas du grand art, encore moins de la grande littérature, mais pour moi il signifie beaucoup. J'espère que tu te seras reconnu un peu dans mes mots, que quelques-uns auront résonné en toi et qu'ils t'auront emmené ailleurs le temps d'une lecture. Des millions de mercis, pour tous ceux que je n'ai jamais su dire.

N'oublie jamais de trouver en toi, qu'importe la vie, les gens, la douleur ou la solitude, la force de vivre, et d'y survivre.

Ce livre a été imprimé en Allemagne.
Dépôt légal : Octobre 2021